XL Curves

Ianny Lee

Copyright © 2013 Ianny Lee

All rights reserved.

ISBN: 1490468501
ISBN-13: 978-1490468501

To my beautiful wife. I want to let her know how beautiful you are
and how lucky I am to have found you.
I also dedicate this book to all the BBWs. I hope this shows the
beauty
of curves. That just because you're big,
you're still beautiful.
I really hope you take this to heart.

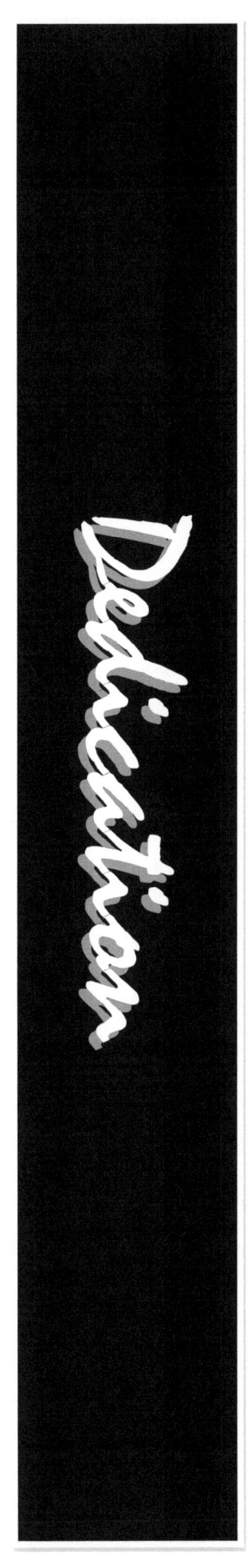

Chapter 1: A Little Cosplay

Lanny Lee

XL Curves 6

lanny Lee

XL Curves 7

Ianny Lee

XL Curves 8

lanny Lee

XL Curves 9

lanny Lee

XL Curves 10

lanny lee

XL Curves 11

Lanny Lee

XL Curves 12

lanny Lee

XL Curves 13

Ianny Lee

XL Curves 15

lanny Lee

XL Curves 16

lanny Lee

XL Curves 17

lanny Lee

XL Curves 18

lanny lee

XL Curves 19

lanny Lee

XL Curves 20

Lanny Lee

XL Curves 21

Ianny Lee

XL Curves 22

Ianny Lee

XL Curves 23

lanny Lee

XL Curves 24

Ianny Lee

XL Curves 25

Lanny Lee

XL Curves 26

lanny Lee

XL Curves 27

Ianny Lee

XL Curves 28

lanny Lee

XL Curves 29

Chapter 2: Furries

lanny Lee

XL Curves 32

Ianny Lee

XL Curves 33

Chapter 3: Just Posing

Ianny Lee

XL Curves 36

Ianny Lee

XL Curves 37

lanny Lee

XL Curves 38

Ianny Lee

XL Curves 39

lanny Lee

XL Curves 40

lanny Lee

XL Curves 42

Ianny Lee

XL Curves 43

lanny Lee

XL Curves 44